Todos los libros de Linkgua Ediciones cuentan con modelos de Inteligencia Artificial entrenados por hispanistas. Pregúntale al chat de tu libro lo que desees acerca de la obra o su autor/a.

Para ebooks: Accede a nuestro modelo de IA a través de este enlace.

Para libros impresos: Escanea el código QR de la portada con tu dispositivo móvil.

Obtén análisis detallados de nuestros libros, resúmenes, respuestas a tus preguntas y accede a nuestras ediciones críticas generativas para una experiencia de lectura más enriquecedora.
La transparencia y el respeto hacia la autoría de las fuentes utilizadas son distintivos básicos de nuestro proyecto. Por ello, las respuestas ofrecen, mediante un sistema de citas, las fuentes con las que han sido elaboradas.

Jorge Mañach Robato

Indagación del choteo

Edición de Jacqueline Loss

Barcelona 2024
Linkgua-ediciones.com

Créditos

Título original: Indagación del choteo.

© 2024, Red ediciones S.L.

e-mail: info@linkgua.com

Diseño de la colección: Michel Mallard.

ISBN rústica ilustrada: 978-84-9953-5937.
ISBN tapa dura: 978-84-1126-652-9.
ISBN ebook: 978-84-9897-502-4.

Sumario

Brevísima presentación

La vida

Jorge Mañach Robato (Sagua la Grande, 1898-San Juan de Puerto Rico, 25 de junio de 1961). Cuba.

Escritor, periodista, ensayista y filósofo, autor de una biografía de José Martí y de numerosos ensayos filosóficos.

Se graduó de Filosofia y Letras por la Universidad de Harvard (1920) en la que trabajó, amplió sus estudios en París (Universidad de Droit, 1922) y regresó a La Habana en 1924, terminando allí sus doctorados en Derecho Civil y en Filosofía y Letras.

Colaboró con la revolución de 1933 y en la resistencia contra Batista. Vivió en Cuba en 1959, y en 1960 se fue a vivir a Puerto Rico, inconforme con los postulados de la Revolución de Fidel Castro.

Nota del autor

Las dos ediciones anteriores de este ensayo, que fue ofrecido en forma de conferencia en 1928, han estado por mucho tiempo agotadas. Me es grato ponerlo ahora a la disposición de la Editorial Libro Cubano —simpática empresa juvenil a la que todos debemos ayudar— para una tercera edición.

Aunque no gusto de andar retocando viejos escritos míos, esta vez me ha parecido conveniente hacerlo, podando aquí y allá tal o cual superfluidad, precisando algunos conceptos y añadiendo una breve nota para sugerir, con la perspectiva de hoy (1955), hasta qué punto hemos rebasado ya el choteo como hábito o actitud generalizada.

Tal vez sigan conservando validez, sin embargo, mis observaciones sobre los rasgos peculiares y más estables de la psicología cubana. En determinada época, ellos proveyeron los mecanismos propicios para el tipo de expansión o de reacción que el choteo representó y que, con menos ubicuidad, representa todavía.

J. M.

Indagación del choteo

La reivindicación de lo menudo
Tal vez haya sido motivo de extrañeza para algunos de ustedes el tema de esta conferencia. No parece un tema serio. Esto de la seriedad, sin embargo, precisamente va a ocupar hoy un poco nuestra atención. El concepto de lo serio es en sí sobremanera difuso. Muchas cosas tenidas por serias se revelan, a un examen exigente, inmerecedoras de ese prestigio; son las cosas Pacheco.[1] Y, al contrario, las hay que, tras un aspecto baladí e irrisorio, esconden esencial importancia, como esos hombres que andan por el mundo con alma de ánfora en cuerpo de cántaro.

A las ideas las acaece otro tanto. Ciertas épocas han exhibido una marcada tendencia a revestir de gravedad ideas más o menos fatuas. Por ejemplo, el siglo pasado, que por su exaltación romántica y su devoción casi supersticiosa a «los principios» infló numerosos conceptos, atribuyéndoles un contenido real y una trascendencia que los años posteriores se han encargado de negar. Esas ideas-globos gozaban hasta ahora de un envidiable prestigio de excelsitud. El realismo moderno les ha dado un pinchazo irónico, privándolas de lo que en criollo llamaríamos su «vivío». Esta misma época nuestra, arisca a toda gravedad, insiste en reivindicar la importancia de las cosas tenidas por deleznables, y se afana en descubrir el significado de lo insignificante. Los temas se han renovado con esta preeminencia concedida por nuestro

---

1 Se refiere a un personaje de *Correspondencia de Fradique Mendes*, del escritor portugués José María Eça de Queirós. En esta obra Pacheco, un mediocre, alcanza el éxito social. (N. del E.)

tiempo al estado llano de las ideas. Nos urgen los más autorizados consejeros a que abandonemos las curiosidades olímpicas y observemos las cosas pequeñas y familiares, las humildes cosas que están en torno nuestro.

Hay un interés vital en esto. Lo menudo e inmediato es lo que constituye nuestra circunstancia, nuestra vecindad, aquello con que ha de rozarse nuestra existencia. Mas por lo mismo que lo tenemos tan cerca y tan cotidianamente, se le da por conocido y se le desconoce más. No somos bastante forasteros en nuestro propio medio, dice Christopher Morley; no lo miramos con la debida curiosidad. Tenemos que aplicarnos, pues, a la indagación de esa muchedumbre de pequeñeces que «empiedran la vida».

Cuando se trata de hechos psicológicos y de relación, como lo es el choteo, el escudriñamiento puede tener alcances sociológicos insospechados. Ya Jorge Simmel subrayó la conveniencia de llevar a la sociología el procedimiento microscópico, aplicando «a la coexistencia social el principio de las acciones infinitamente pequeñas que ha resultado tan eficaz en las ciencias de la sucesión».[2] En vez de estudiar la sociedad por abstracciones voluminosas, la exploraremos en sus menudas concreciones, en sus pequeños módulos vitales.

El choteo —cosa familiar, menuda y festiva— es una forma de relación que consideramos típicamente cubana y ya ésa sería una razón suficiente para que investigásemos su naturaleza con vistas a nuestra psicología social. Aunque su importancia es algo que se nos ha venido encareciendo mucho, por lo común en términos jeremíacos, desde que Cuba alcanzó uso de razón, nunca se decidió ningún examinador nuestro, que yo sepa, a indagar con algún detenimiento la

2 Citado por: Jorge Simmel: *Sociología*, Revista de Occidente, 1927, I, pág. 30.

naturaleza, las causas y las consecuencias de ese fenómeno psicosocial tan lamentado. En parte por aquella afición de época a los grandes temas, en parte también porque ha sido siempre hábito nuestro despachar los problemas con meras alusiones; los pocos libros cubanos que tratan de nuestra psicología se han contentado, cuando más, con rozar el tema del choteo. Esquivando casi siempre esta denominación vernácula, se ha tendido a desconocer la peculiaridad del fenómeno y a identificarlo con cualidades más genéricas del carácter criollo, como la «ligereza», la «alegría» y tales. También aquí nuestro confusionismo ha hecho de las suyas.

Esa misma falta de exploraciones previas extrema la dificultad de una primera indagación, ardua en sí misma por lo tenue que es el concepto corriente del choteo y por la variedad de actitudes y de situaciones a que parece referirse. ¿Qué método nos permitiría penetrar con alguna certidumbre en una vivencia psíquica y social tan evasiva, tan multiforme y tan poco concreta?

Se trata, por supuesto, de discernir el sentido de la palabra «choteo». Pero he ahí un problema de semántica en que la etimología —tan valioso auxiliar de esa ciencia de los significados— no nos ayuda. Han especulado bastante sobre el origen del vocablo. Andaluces hay que quisieran conectarlo con la voz choto, que es el nombre que se le da en España —y en aquella región particularmente— al cabritillo. «Chotar» —del latín *suctare*— significa en Andalucía mamar y por extensión conducirse con la falta de dignidad que exhiben los cabritillos en lactancia.[3] El choteo sería pues, portarse

3   A propósito de estas derivaciones, me escribía don Miguel de Unamuno al acusarme recibo de este ensayo:
En apoyo de la etimología de choto, cabritillo, que cita, apunte cabrear. En España se dice que le tiene a uno cabreado cuando molesto, por harto de burlas.

como un cabrito. Claro que no es imposible esta derivación. Tampoco lo es que el vocablo «choteo» pertenezca al acervo muy considerable de voces afras que han tomado carta de naturaleza en nuestra jerga criolla. Pero ni el ilustre Fernando Ortiz, autoridad en la provincia afrocubana de nuestra sociología, se muestra muy seguro acerca del étimo africano, aventurando tan solo posibles vinculaciones con el lucumí *soh* o *chot* (que comporta la idea de hablar) y con el pongüe *chota*, que denota la acción de *espiar*. Evidentemente, esta última conexión sí se prestaría para explicar el empleo que también se hace en Cuba del vocablo en el sentido de acusación o delación; pero no arroja luz alguna sobre la acepción de choteo como actitud jocosa. En todo caso, la etimología solo puede servir de punto de partida para una indagación de significados cuando es indudable, cuando ofrece una raíz segura en que afincar el brío de las deducciones.

Fallido el método etimológico, no parece quedarnos otro medio de abordaje que el de asirnos al concepto corriente de la palabra choteo: ver qué definición se da generalmente de ella, estudiar en abstracto las implicaciones lógicas de esa definición y cotejar éstas después con observaciones objetivas. Conjugando así un método empírico con un método lógico, esquivaremos a un tiempo mismo los peligros de las abstracciones excesivas y de las experiencias incompletas.

Aunque el resto de la tarjeta de Unamuno no tenga mucho que ver con el tema de este ensayo, publico en apéndice el texto completo de ella porque todo lo del gran español debe irse preservando ya en letra de molde. (N. del A.)

La nota anterior aparece en la edición de 1940 y luego fue suprimida en posteriores versiones de *Indagación del Choteo*. Hemos considerado útil incluirla como testimonio de las diferentes modificaciones sufridas por el texto original. (N. del E.)

Una definición inicial

Si le pedimos, pues, al cubano medio, al cubano «de la calle», que nos diga lo que entiende por choteo, nos dará una versión simplista, pero que se acerca bastante a ser una definición porque implica lógicamente todo lo que de hecho hallamos contenido en las manifestaciones más típicas del fenómeno. El choteo —nos dirá— consiste en «no tomar nada en serio». Podemos apurar todavía un poco más la averiguación, y nos aclarará —con una frase que no suele expresarse ante señoras, pero que yo os pido venia para mencionar lo menos posible— nos aclarará que el choteo consiste en «tirarlo todo a *relajo*».

Como veis, estas dos versiones que nos da el informador medio coinciden, por lo pronto, en asignarle al choteo una índole absolutista y, por así decir, sistemática. Llamamos opositor sistemático al político que hace de la oposición un hábito, sin que se le dé mucho que los objetos de su oposición sean realmente condenables. Así también, el choteador, que todo lo echa a broma, que a nada le concede, al parecer, importancia, es una suerte de profesional de esa actitud, y ya veremos que tampoco a él le importa mucho que los objetos o situaciones de que se mofa sean en verdad risibles. El choteo es, pues, una actitud erigida en hábito, y esta habitualidad es su característica más importante.

Antes de precisar en qué consiste la actitud, fijemos más cuidadosamente sus límites. Cuando se dice que el choteo no toma «nada» en serio, o que «todo» lo «tira a relajo» es evidente que estos adverbios, «todo» y «nada», se emplean hiperbólicamente; es decir, que no son ciertos al pie de la letra, aunque sí lo sean en un sentido general. Lo que de un modo enfático quiere sugerirse es que el choteo no toma en serio *nada de lo que generalmente se tiene por serio.* Y todavía es necesario reducir esa categoría de hechos, porque el hombre más jocoso no puede menos que tomar en serio ciertas cosas cuya seriedad no es materia opinable —un dolor de muelas, por ejemplo—. Durante un ciclón pude ver cómo unos vecinos hacían jácara de los estragos hasta que un rafagazo les voló el techo de su propia casa. No de otra suerte el choteo mantiene sistemáticamente su actitud hacia todas las cosas tenidas por serias mientras no llegan a afectarle de un modo tal que haga psicológicamente imposible el «chotearlas».

Ahora bien: ¿en qué consiste abstractamente esta acción de chotear? Vamos a ver que las dos definiciones citadas apuntan al mismo hecho externo —un hábito de irrespetuosidad— motivado por un mismo hecho psicológico: una repugnancia a toda autoridad.

Tomar en serio equivale, en efecto, a conducirse respetuosamente hacia algo. Porque respeto, como es sabido, no quiere decir necesariamente acatamiento. La misma etimología latina (*re-spicere*: volver a mirar) está denunciando el sentido exacto de la palabra, que es el de consideración detenida, el de miramiento. Se puede respetar una opinión que estimamos equivocada. Hablamos de los «respetos humanos» que, según la religión, son muchas veces contrarios a los intereses del espíritu. Hablamos también de respetar al niño. Un respeto, por consiguiente, no es más que una atención esmerada, y una falta de respeto es, hasta coloquialmente, *una falta de atención.* No tomamos las cosas en serio cuando no les prestamos una atención sostenida o suficientemente perspicaz. Así, el hombre rápidamente impresionable, el hombre extravertido o de curiosidad errabunda es, generalmente, un hombre irrespetuoso, un gran candidato al choteo.

Claro que al fondo de todo respeto existe siempre una idea de autoridad, actual o potencial, que es lo que invita la atención. Si respetamos al gobernante, es porque sabemos que puede ejercer, en última instancia, un dominio físico sobre nosotros. El respeto al hombre de saber o al hombre íntegro se funda en un aprecio de su preeminencia, de su autoridad intelectual o moral. Los respetos sociales son un homenaje a la autoridad del número y de la opinión ajena. El respeto al niño, al débil, es un tributo a la humanidad, y, como la religión, esconde un vago sentimiento de dependencia. De suerte que una falta crónica de respeto puede originarse también en una *ausencia del sentido de la autoridad*, ya sea porque el individuo afirma desmedidamente su valor y su albedrío personales o porque reacciona a un medio social en que la jerarquía se ha perdido o falseado. «Tirar a relajo» las cosas serias no será, pues, más que desconocer —en la actitud exterior al menos— el elemento de autoridad que hay o que pueda haber en ellas: crear en torno suyo un ambiente de libertinaje.

La estimativa interior

Estas primeras conclusiones nos permiten insinuar ya una solución al problema que se plantea en cuanto a la actitud psíquica del choteador. Es evidente que no tomar nada en serio no quiere decir necesariamente que se desconozca o niegue, en el fuero interior, la existencia de cosas serias, sino que, de reconocerlas, se adopta también hacia ellas una actitud irrespetuosa. Lo que importa entonces averiguar es qué grado de estimación interior hay en el choteo: si éste admite para su capote que hay cosas serias y no las reverencia, o si más bien su habitualidad se debe a que no encuentra nada serio en el mundo. En el primer caso, sería el choteo un mero vicio de comportamiento; en el segundo, un vicio de óptica mental o de sensibilidad moral.

Si consultamos la experiencia, escudriñando en los diversos casos individuales de choteo que ella nos depara, advertimos que existen en nuestro medio individuos incapaces, no ya de comportarse respetuosamente en situación alguna, sino hasta de *admitir* que haya en nada motivos o merecimientos de respeto. Dotados casi invariablemente de una educación elementalísima, cualquiera que sea su decoro externo, desconocen todas las dignidades y proezas del espíritu; empedernidos de sensibilidad, no perciben tampoco ni lo sublime ni lo venerando en el orden físico o humano. Son los negadores profesionales, los descreídos a ultranza, los egoístas máximos, inaccesibles a otra emoción seria que no sean las de rango animal. Tienen, como decía Gracián, «siniestro el ingenio», y cuando les habláis de patria, de hogar, probidad o de cultura, urgen una cuchufleta y os dicen, a lo sumo que todo eso es «romanticismo». El lenguaje y la actitud habituales en esta laya de hombres son los del choteo.

Pero al lado de ellos, confundiéndose con ellos, encontramos otros individuos no menos prestos a la facecia sobre los motivos más serios y hasta en las situaciones más exigentes de circunspección. Basta sin embargo, explorarlos con una dialéctica insinuante, que capte su atención y simpatía, para descubrir enseguida que tras su frivolidad y su escepticismo esconden un alma sensitiva y crédula de niños. También su lenguaje y su actitud habituales son los del choteo; pero excepcionalmente exhiben una sensibilidad adormecida y una mohosa aptitud para formar juicios afirmativos de valor.

¿Cuál de estos dos tipos de choteadores representa el verdadero choteo?

Estamos ante un fenómeno demasiado fluido y variable para acomodarse estrictamente a cualquiera de esas rígidas disyuntivas. Siéndonos el choteo conocido solo como una actitud externa, no podemos pronunciarnos con certidumbre en cuanto a su contenido. Lo que más cierto parece es que hay un choteo ligero, sano, casi puramente exterior, que obedece principalmente a vicios o faltas de atención derivadas de la misma psicología criolla, y otro choteo, más incisivo y escéptico, perversión acaso del anterior y originado en una verdadera quiebra del sentido de autoridad que antes analizábamos.

Dejemos, por el momento, el decidir cuál de estos dos grados de choteo es el más generalizado y genuino y tratemos ya de perfilar la morfología social común a ambos tipos de choteo, sus modos peculiares de producirse.

El choteo en la jerarquía de la burla

De todo lo expuesto, parece deducirse claramente que ambos tipos de choteo, el escéptico y el meramente jocoso, se traducen en una forma de burla que podrá ser más o menos explícita, más o menos referida a una situación exterior o a un juicio de valor.

Ahora bien: la burla es un hecho esencialmente humano. Se ha tenido siempre la mera risa por una de las facultades privativas del hombre. No faltó, hace ya mucho tiempo, quien dijera que el hombre es el único animal que ríe; y solidarizándose, al parecer, con ese postulado, un gran filósofo moderno, Bergson, le ha descubierto implicaciones biológicas y sociales importantísimas a esa facultad «humana». La risa sería algo así como un «gesto social» de protesta contra la mecanización de la vida: un acto de previsión de la especie.

Los que hemos observado un poco a los animales más expresivos —el perro o el mono, por ejemplo— podemos abrigar ciertas dudas acerca de ese supuesto monopolio humano de la risa, al menos en cuanto a su pretensión más intrínseca. Si acaso, lo privativo del hombre es el tipo de mueca con que exterioriza un estado de euforia, de júbilo o de anticipación, ya placentera, de él. Lo que sí es una peculiar aptitud humana es la de la burla. El loro y el mono, entre otros, parecen capaces de mofa; pero con toda probabilidad se trata de un simple mimetismo desprovisto de genuina intención.

Esté o no acompañada de risa, la burla propiamente dicha es una actividad humana y social, cuyo fin instintivo es el de afirmar la propia individualidad contra otra que se considera superior o igualmente poderosa. *Toda burla supone, pues, una autoridad, o por lo menos, una competencia.* Por eso no tiene razón de ser, y nos repugna instintivamente la burla que se haga de un niño, de un enfermo, de un anciano. Son débiles; no hay por qué atacarlos. La burla es un subterfugio ante el fuerte; no en balde burlar es, en algún sentido, sinónimo de esquivar. El instinto humano tiende a conservarnos nuestra independencia, nuestra libertad de adaptación, y recela de toda autoridad, incluso la del prestigio, que, como ya observó Simmel, nos encadena tal vez más que otra alguna.

En torno a esa facultad de la burla como eje, se produce toda una jerarquía o escala de reacciones sociales que comienzan en la mueca puramente instintiva del niño hacia el padre o hacia el maestro y, pasando por la parodia, la sátira y la ironía, alcanzan la más elevada especie de humorismo. En este rango superior, el elemento de burla es tan sutil que apenas se percibe, y llega hasta a parecernos una delicada forma de solidaridad y de respeto.

Lo que diferencia a la burla de las demás formas de protesta y de prevención contra la autoridad es que se endereza contra lo que ésta tiene de cómico, es decir, de contradictorio consigo misma. Señalando esa contradicción, aspira a minar la autoridad que la exhibe. De suerte que la burla es más elevada y más eficaz mientras más fino es su discernimiento de esa contradicción; y, por el contrario, es más burda cuanto más se acerca a la mera protesta instintiva del niño, bien porque se fija en lo externamente cómico de la autoridad, o porque le atribuye a ésta una comicidad que no tiene, como cuando los escolares le prenden rabo a la levita del maestro.

Pues bien: si el discernimiento, si cierto sentido crítico es lo que sitúa esas reacciones más o menos alto en la jerarquía de la burla, se colige claramente que el choteo, como hábito, como actitud sistemática que es, resulta por lo general una forma muy baja de burla. Allí donde nadie halla motivos de risa, el choteador los encuentra o finge encontrarlos. Eso tendría que deberse, o a una mayor perspicacia del choteo para discernir lo cómico en la autoridad, o a una suposición de lo cómico donde no lo hay.

Ciertamente, esa superior perspicacia del choteo para ver lo cómico en lo autoritario es, a veces, innegable. El cubano medio posee una notoria vis cómica, como todos los pueblos de rápida actividad mental. Si no es, por lo común, nada profundo, percibe en cambio sin demora todos los alcances superficiales de un hecho cualquiera y efectúa velozmente aquellas aproximaciones mentales que producen el chispazo de lo cómico. A veces, por consiguiente, el choteo tiene verdadera gracia: nos descubre lo objetivo risible que había pasado inadvertido a los observadores más intensos o de menor agilidad mental.

Pero lo frecuente es que el choteo no denuncie, en absoluto, nada realmente cómico. Un chiste, un rasgo de ingenio cualquiera, surte su efecto de risa en cualquier lugar o momento; el choteo, en cambio, está estrictamente condicionado en el tiempo y en el espacio. Rara vez nos divierte la versión que alguien nos da de un caso de choteo en que no hemos participado; al contrario, el relato lo que generalmente logra es irritarnos. Esto no se debe a la falta de aquel sentimiento de solidaridad que, según Bergson, necesita la experiencia risible; sino a que el choteo se nos aparece en esos casos como una burla sin motivo. Peor aún: como una burla que inventa su motivo y que, para usar la frase criolla, tan significativa, «le pone rabo» a un objeto serio. En torno a cualquier persona o situación respetables crea una atmósfera de jocosidad que se va cargando rápidamente, hasta hacerse tan densa que el objeto mirado a través de ella resulta desfigurado y grotesco.

En ocasiones, ni siquiera este objeto-pretexto existe. ¿Cuántas veces, en el teatro o en cualquier espectáculo, no hemos visto cómo un bostezo, una frase jocosa y sin pertinencia alguna, lanzada al azar, choca con la circunspección del público y se convierte en centro de irradiación de ondas crecientes de choteo? ¿Cuál puede ser en estos casos la razón de ser de esa burla sin propósito aparente? ¿Cuál la función de esa risa sin rumbo? Tal vez habría que recurrir, para explicarla, a aquel vago fin subsidiario de reposo que Bergson le atribuye; o pensar que en esos momentos la risa criolla sirve, por el contrario, a manera de excitante artificial, con el cual procuramos vencer la fatiga, el aplanamiento, la lasitud del trópico. En todo caso, es un acto fundamentalmente egoísta e irreflexivo, mediante el cual el choteador parece reírse con el solo fin de estar alegre, como si quisiera confirmar la conocida teoría de las emociones de William James: No lloramos porque estamos tristes; estamos tristes porque lloramos.

No sería el choteo, sin embargo, todo lo peligroso que generalmente es si se limitara a ser esa risa sin objeto. Lo más frecuente es que lo tenga y que ese objeto sea su víctima. Tal vez hasta en los casos en que se nos aparece como una pura improvisación, realmente está el choteo reaccionando contra algo externo que ni él mismo percibe bien. En el ejemplo que pusimos del teatro, la frase jocosa o el bostezo sonoro son acaso un indicio de protesta contra algo. La palomilla de papel que desciende del paraíso trae posiblemente en el pico más una intención guerrera que una rama de olivo. En otras palabras, el choteo casi siempre acusa un estado de impaciencia, un recelo de alguna limitación. Quizás no es otra que la de tener que guardar silencio ante un espectáculo que se demora o que aburre, pero siempre será la limitación impuesta por una auténtica o por una falsa autoridad.

El choteo y el orden

Esta interpretación nos explica por qué el choteo es enemigo del orden en todas sus manifestaciones. Observad bien cualquier caso o situación de choteo y veréis que *lleva siempre entrañados los elementos del desorden.* Y lo importante, lo característico del choteo, es que ese desorden, para que origine la burla típica criolla, no ha de comportar ninguna frustración de dignidad.

Siempre ha sido motivo de risa el accidente que contraría un propósito de conducta circunspecta. Ya se ha dicho que no hay clown ni humorista comparable a ciertas cáscaras de fruta en el pavimento. Algunos histriones han visto bien esto y han sabido aprovechar sus posibilidades. ¿Qué es el arte sublimemente cómico (es decir, profundamente humorístico) de Charles Chaplin, por ejemplo, sino una sinfonía en la clave de la dignidad frustrada? Lo que nos lo hace tan patéticamente ridículo es la facilidad con que resulta víctima de accidentes un hombre que usa chaqué, bastón y bombín.

En todas las latitudes, repito, el accidente contra dignidad motiva una risa tan fulminante que tiene algo de acto reflejo. En rigor, su fondo es instintivo: parece obedecer a ese gozo secreto y ancestral que experimentamos al ver al prójimo —nuestro competidor en la lucha por la vida— contrariado en una pretensión de jerarquía, de importancia de superación. Este sentimiento no es, por supuesto, ajeno al choteo, porque el choteo incluye todas las demás formas elementales de la burla. Pero el desorden ante el cual se produce típicamente esa forma de regocijo tan nuestra no es accidente contra dignidad. *Es el desorden que consiste, pura y simplemente, en la alteración de un estado cualquiera de concierto y de jerarquía*, así sea en el orden físico y objetivo.

Alguna vez, un amigo muy criollo, limpio de toda malicia intelectual, aunque bastante curtido en todas las demás, me contaba, en serio, sus impresiones a bordo de un vapor durante un temporal. Lo que más parecía haberle impresionado fue el desplazamiento que sufrió la carga, mal asegurada en la sentina, con los bandazos del barco: «Los barriles —decía—, los fardos, las cajas, todo iba de un lado para otro: aquello era un choteo».

Un choteo, es decir, confusión, subversión, desorden —en suma—: «relajo». Pues ¿qué significa esta palabra sino ese, el relajamiento de todos los vínculos y coyunturas que les dan a las cosas un aspecto articulado, una digna integridad? El hecho de que mi amigo, empleara la palabra choteo para describir circunstancias tan poco divertidas como las de un temporal, lo hacía aún más significativo. Porque el empleo fuera metafórico, no acusaba menos la posibilidad de que exista la situación de choteo sin un motivo real de burla ni de regocijo. Un mero desorden no es cosa que tenga gracia en sí. El choteo no se la encuentra tampoco, pero se ufana ante una situación semejante *porque comporta una negación de la jerarquía*, que para ciertos tipos de idiosincrasia tropical es siempre odiosa. Todo orden implica alguna autoridad. Ordenar es sinónimo de mandar. En el desorden, el individuo se puede pronunciar más a sus anchas. No hay ninguna compostura externa que le invite a guardar una correspondiente compostura personal. Lo ordenado ejerce sobre el ánimo una especie de ejemplaridad disciplinaria. A mí no hay cosa que me desasosiegue más que entrar en un despacho donde todo está en orden; en cambio, allí donde las cosas andan manga por hombro, experimento siempre un sentimiento de familiaridad. Este deseo de familiaridad con las cosas es algo a que el cubano es sobremanera adicto. Ya veremos que una de las causas determinantes del choteo es la tendencia niveladora que nos caracteriza a los cubanos, eso que llamamos «parejería» y que nos incita a decirle «viejo» y «chico» al hombre más encumbrado o venerable.

El choteo y el prestigio

Pero nos interesa antes examinar cómo esa afición al desorden, ese odio a la jerarquía, que es esencial del choteo, informa la manifestación más importante del fenómeno: su prurito de desvaloración. El índice convencional del valor es el prestigio. Y el prestigio es, en efecto, otra de las formas de seriedad contra las cuales el choteo se pronuncia con especial ahínco: es la seriedad en la reputación. Lo «choteado» es, en cambio, aquello que tiene una reputación precaria o falsa: lo desprestigiado.

Esta manifestación del choteo es frecuente entre nosotros. Vemos a menudo que el cubano menos «sofisticado» por los miramientos de la educación, pone en solfa los valores morales, intelectuales y aún sentimentales más encarecidos. La virtud de una mujer, el empeño intelectual de un hombre, la emoción de un funeral o de un duelo, se le convierten en materia de chacota. En cierta ocasión, unos cubanos visitaban el Crematorio Municipal de París. Al ver introducir un cadáver en el horno incinerador, uno de nuestros compatriotas exclamó, dirigiéndose al fúnebre operario: «Démelo de vuelta y vuelta». Con dudoso gusto pero indiscutible ocurrencia, rebajaba aquel resto humano a la categoría de un bistec. Las mofas de los velorios son clásicas entre nosotros. El choteo no respeta ni la presencia sagrada de la muerte.

Cuando la mofa se produce contra una cualidad o un valor inmediato cualquiera, lo característico del choteo es que ese comportamiento no obedece a un escepticismo ni a un propósito satírico. Muchas veces el choteador admira, en el fondo, la misma virtud de que se burla. Y esto nos plantea una interesante pregunta: ¿No será el choteo, en esa forma desvaloradora, un dictado del resentimiento?

Existe, como es sabido, una teoría alemana, derivada de Nietzsche y llevada por Max Scheler a su plenitud de significación, según la cual el resentimiento actúa como inductor y «definidor de toda una moral». «Cuando se siente —dice Max Scheler— fuertes afanes de realizar un valor y, simultáneamente, la impotencia de cumplir voluntariamente estos deseos, por ejemplo, de lograr un bien, surge una tendencia de la conciencia a resolver el inquietante conflicto entre el querer y el no poder, rebajando, negando el valor positivo del bien correspondiente, y aún, en ocasiones, considerando como positivamente valioso un contrario cualquiera de dicho bien.»[4] Este sentimiento, tan cercano del despecho, explica numerosos tipos de falsa estimativa en la vida moderna. Es dudoso, sin embargo, según se infiere del mismo profundo análisis de Scheler, que sirva para explicar ninguna forma de burla, puesto que ésta es ya un desahogo y una desvalorización directa, en tanto que los juicios del resentimiento se originan en una represión y actúan indirectamente. A lo sumo, pudiera decirse que ciertos tipos de burla envidiosa son —en las palabras del mismo filósofo— la «descarga» que elimina «esa dinamita psíquica que se llama resentimiento».

Sin duda, en no pocos casos el choteo obedece a ese propósito de desahogo. Pero hay que hacerle la justicia de reconocer que no es, por lo común, una característica suya el rencor ni el resentimiento. Este «no puede jamás desarrollarse sin un sentimiento específico de impotencia» y no siempre el choteador está incapacitado para asumir el mismo valor de que se mofa. Al contrario: nuestro burlón redomado es precisamente aquel que se ríe de los propios valores que podría emular si quisiese someterse a su servidumbre. Como es ésta precisamente la que le resulta antipática, se defiende de la ejemplaridad con la mofa, al igual que esos hombres muy celosos de su libertad, que se revisten de ironía para preservarse de las solicitudes subyugadoras de una mujer hermosa.

---

4   Citado de: Max Scheler: *El resentimiento en la moral*, Ed. de la Revista de Occidente, pág. 69.

Lo que, en términos generales, puede afirmarse del choteo es que denota una inconsecuencia entre la apreciación interior y la conducta. En ciertos casos frecuentes, esa contradicción se explica, como luego veremos, por una forma pudorosa de ironía; pero aún entonces la mofa tiene un origen en esa impaciencia que el criollo siente por temperamento contra toda traba a la libre expansión, contra toda forma no demasiado imperativa de ejemplaridad.

Choteo, «guataquería», rebeldía[5]

Paréceme que esto también ayuda a comprender el uso que de la palabra se hace en el sentido de delación, en los colegios, cuarteles y prisiones, «chota» se llama al compañero que acusa a los demás ante la superioridad. Denota, sin duda, quien tal hace, un sometimiento oficioso, no muy lejano del que hoy tanto priva bajo el estigma infamante de «guataquería». Mas por eso mismo la palabra «chota» envuelve un vituperio, y si el que delata lo hace por congraciarse con el poderoso, el nombre de «chota» le viene de que con su delación divulga y, por consiguiente, frustra un empeño recatado; es decir, le quita la autoridad y el prestigio de su secreto. Desde el momento en que lo privado se hace del dominio público, o lo selecto se vulgariza, está desvalorizado, «choteado». Igual decimos de un espectáculo que todo el mundo ha visto ya. Los comerciantes declaran una mercancía «choteada» cuando son tantos los que la tienen en venta, que no pueden cobrar por ella a su antojo (ejercer sobre ella la autoridad del monopolio virtual), sino atenerse estrictamente a la ley de la oferta y la demanda.

5   «Guataquería» es halago o medro para obtener beneficios personales. (N. del E.)

En todos sus aspectos, el choteo es, como se ve, enemigo de cuanto proponga una limitación a la expansión individual. Otra cosa ocurre cuando la limitación, en vez de proponerse, se impone. Entonces, el espíritu de independencia que siempre hierve al fondo del choteo tiene dos vías de escape: o la rebeldía franca, o la adulación. Ambas son maneras de reivindicar mayor albedrío del que se tiene. La rebeldía produjo la República; la adulación ha engendrado eso que hoy llamamos «guataquería». Pero, a poco que la autoridad sea débil, indirecta o inerme, surge el choteo como una afirmación del yo.

No encontraríamos ahora nada de particular en que su nombre viniese de choto, cabrito, porque también la palabra capricho viene de «cabra». Y lo que el choteador o el chota instintivamente defiende es eso, su libertad absoluta de antojo y de improvisación. Por eso abomina jocosamente de todo principio de conducta y de toda exigencia disciplinal: de la veracidad absoluta, de la puntualidad, de lo concienzudo, de lo ritual y ceremonioso, de lo metódico; en suma: de cuanto sirve para encauzar rigurosamente el esfuerzo del individuo o para engranar —con rigidez inevitable, pero eficaz— el mecanismo del esfuerzo colectivo.

De todo lo argüido, tal vez se puede inferir ya una definición del choteo más ceñida y formal que la que nos sirvió de base de operaciones. *El choteo es un prurito de independencia que se exterioriza en una burla de toda forma no imperativa de autoridad.*

Choteo, humor, ingenio, gracia

Ahora bien: este choteo que hemos venido analizando ¿es el que suele considerarse como una característica nacional?

Existe como se sabe, una tendencia insistente a suponer que no es el choteo una cualidad específica que quepa atribuir a determinados individuos —como la impulsividad, el egoísmo, la falsía, y tales—; sino que es más bien, algo que tenemos todos los cubanos, quien más quien menos, diluido en nuestra idiosincrasia criolla: algo así como un peculio psíquico tropical, con el cual nos condenamos o nos salvamos.

Quienes tal suponen, seguramente encontrarán que la interpretación del choteo que acabo de exponer es demasiado peyorativa para ser aceptable. Al margen de los anteriores resultandos habrán ellos ido poniendo sus objeciones con vista a un voto particular. Habrán pensado o pensarán que no todas las manifestaciones del choteo responden a esa definición: que no siempre es nuestra burla típica un indicio de libertinaje ni un pronunciamiento sistemático. En fin, acaso hayan echado de menos en mi análisis aquella simpatía pura, aquella sana y divertida aprobación —nacida de algo más que de una simple tolerancia hacia las propias flaquezas— que nos inspiran las ocurrencias del humor vernáculo.

Mas ¿no será, amigos míos, que esos presuntos inconformes están pensando precisamente en eso: en el humor, en el ingenio o en la gracia criollos, y no en el choteo? Como la noción de éste ha sido entre nosotros tan confusa, el vocablo se ha prestado a todos los equívocos. Además, hay en el lenguaje corriente un hiperbolismo natural, una tendencia a designar siempre las cosas por sus manifestaciones afines más extremas, aunque se prescinda de la exactitud. ¿Quién no ha oído alguna vez a nuestros vendedores de periódicos cuando se disputan apasionadamente una venta, hacerse reproches nada menos que de «lujuria»? Claro que lo que en realidad quieren decir es vehemencia, codicia, apasionamiento —palabras que no están en su diccionario—. Así también, se le ha dado y se le da frecuentemente el nombre de choteo —que denota una máxima jocosidad— a hechos, dichos y situaciones risibles que no son «choteo» en absoluto, que más bien están comprendidos en aquella cuota de la gracia universal que le ha correspondido a nuestro pueblo criollo.

Pero nuestro choteo no tiene nada que ver con nuestra gracia; o, para decirlo más exactamente, es, en todo caso, una forma especial y sistemática de ella.

Hay quienes suponen que se trata de una reacción peculiar del cubano ante lo exageradamente serio. Aunque elemental siempre, esa explicación sería cierta si por «lo exageradamente serio» se entiende todo aquello que conlleva una autoridad. Tal noción no es infrecuente entre nosotros. Nuestra juventud más frívola suele considerar demasiado serio al hombre ceremonioso, aunque en realidad sea a la vez muy jovial. Ciertos escritores públicos que son, en el trato social, las personas menos solemnes, tienen fama de «excesivamente serios» no más que por el tono didáctico o aclarador que asumen en la faena periodística, como si enseñar y aclarar no fueran parte de la función del diarismo moderno.

Es cierto, pues, que el choteo ataca o esquiva por medio de la burla lo demasiado serio, si por tal se entiende lo que el choteador estima demasiado autorizado o ejemplar. Pero si lo que quiere decirse es que el choteo solo se burla del empaque antipático o de la ridícula gravedad, la versión es inexacta, ya que deja sin explicar una serie de fenómenos que son, precisamente, lo más típico del choteo. Por ejemplo, el hecho siguiente, que yo he podido alguna vez presenciar: En la sala de una casa, hay una señorita cantando al piano. Canta una romanza sentimental, pero nada lacrimosa ni solemne. Además, la canta bien; tanto, que unos jóvenes, desde la acera, la escuchan en silencio, embelesados. Cuando la señorita termina, sin embargo, los jóvenes se retiran de la ventana y, engolando la voz, hacen una mofa despiadada de la misma aptitud que acaba de deleitarles. ¿Dónde está aquí la reacción contra lo excesivamente serio y grave? ¿No se trata más bien de un hábito de burla que se endereza, por sistema, contra todo lo prestigioso, hasta cuando es agradable?

O el choteo es esa actitud absoluta y sistemática, o de lo contrario carecemos de fundamento para peculiarizarlo como una modalidad aparte de la burla. Y si convenimos en que es una burla sistemática, entonces nada hay más opuesto al humor.

«Es indudable —dice Pío Baroja en *La caverna del humorismo*— que allí donde hay un plano de seriedad, de respetabilidad, hay otro plano de risa y de burla. Lo trágico, lo épico, se alojan en el primer plano; lo cómico en el segundo. El humorismo salta constantemente de uno a otro y llega a confundir los dos; de aquí que el humorismo pueda definirse como lo cómico serio, lo trivial trascendental, la risa triste, filosófica y cómica.»[6] Pero el choteo ignora deliberadamente ese plano de respetabilidad de que habla Baroja y se instala, inquilino contumaz, en el plano de lo cómico. Ni percibe jamás en éste aquel reflejo de lo sublime que es, para Lipps, lo que ilumina por dentro al humorista. Esto no quiere decir, claro está, que el choteador no pueda ser algunas veces humorista. Pero, la coincidencia no es muy frecuente, porque lo cardinal en el humorista es su hondo sentido humano, y

---

6   Pío Baroja, *La caverna del humorismo* (Madrid, Rafael Caro Raggio, 1919), pág. 59. Nótese que Pío Baroja se refiere a «la risa triste, filosófica y cósmica» mientras que Mañach cita incorrectamente «la risa triste, filosófica y cómica». (N. del E.)

en el choteador su egoísmo, su prurito de personal independencia. En todo caso, no hay por qué identificar las manifestaciones del *humour* con las del choteo aunque sea el mismo individuo quien las revele.

Tampoco el choteo es nuestro ingenio, ni nuestra gracia. En el ingenio hay siempre una agudeza mental de que no suele ser capaz el choteo típico, burla generalmente impresionista y externa. De tan intelectual naturaleza es el ingenio, que siempre se muestra respetuoso de una manifestación más alta de sí mismo. Un hombre ingenioso contestará siempre al ataque de otro con un alarde mayor de *esprit* —como en aquel debate famoso entre parlamentaristas ingleses, que nos relata Varona—, y si no puede superar al ingenio adverso, se le rendirá caballerescamente. En cambio, el choteo es tan poco intelectual que, ante una finta ingeniosa, contesta con una nueva mofa desesperante. No es un género de dialéctica, sino de acoso. También aquí se debe reconocer, empero, que no son el choteo y el ingenio por necesidad incompatibles. Son, sencillamente, tipos distintos que no se llevan bien.

Con la gracia criolla sí se relaciona más estrechamente el choteo. La gracia, como su mismo nombre lo indica, es un don natural, algo ajeno a la cultura del individuo y casi a su mentalidad. Consiste la gracia cómica, a mi juicio, en una tal disposición y tersura del ánimo que todas las cosas boten elásticamente contra él, sin penetrar, sin dejar huella. Esta forma de optimismo busca constantemente justificarse a sí misma limándole las aristas a la realidad. Por eso la gracia es predominantemente femenina, y nada acre. No aspira a impugnar, sino a esquivar. Como su anhelo festivo es solo de alegría, de comodidad vital, insiste en ver el mundo sin peligros, sin espinas ni precipicios.

Ahora bien: se infiere claramente que una exageración del espíritu de la gracia puede conducir a la negación de todos los valores. El deseo de limar asperezas es susceptible de convertirse en un prurito de allanar relieves. Y empezándose por codiciar la comodidad vital de la alegría, se puede llegar a exigir ese lujo vital que es la absoluta independencia de toda autoridad. Insensiblemente, en efecto; por obra de diversos factores que enseguida veremos, la burla ligera y sana que nace de la gracia se pervierte con la sistematización hasta convertirse en choteo.

Pero esto no es fatal. Suponer que esa perversión se opere en todos los cubanos es, por supuesto, una exageración absurda. La gracia misma no es privilegio de toda la especie tropical. Abundan más de lo que suele suponerse los cubanos solemnes, los cubanos serios e incapaces de choteo, como abunda también el andaluz dejado de toda gracia. Lo que sí puede y debe afirmarse es que hay en la idiosincrasia cubana rasgos peculiares que, originados unas veces y acusados otras por el clima o por las circunstancias sociales en que hemos venido desenvolviéndonos, tienden a facilitar esa perversión de la burla que llamamos choteo.

Ligereza e independencia

De estos rasgos el que con más frecuencia se subraya es el de la ligereza criolla.

Ramiro Guerra, en un admirable capítulo de su *Historia de Cuba*,[7] declara que el cubano «solo tiene aparentemente la obstinación de la ligereza», y parece sustanciar esa afirmación cuando añade que «la principal debilidad de su carácter radica en esa falta de aptitud para aceptar una actitud

---

7 Véase *Historia de Cuba*, Barcelona, Linkgua, 2024. (N. del E.)

y darse a ella por entero, infundiéndole todo el vigor y la fuerza de su alma». Así entendida, la ligereza es, pues, una falta de consecuencia. Pero ¿a qué contextura psicológica responde?

Hasta por las connotaciones lingüísticas de la palabra, la ligereza es una falta de gravedad; y lo que metafóricamente queremos decir con esto es una falta de ponderación, de aptitud para tomarles el peso exacto a las cosas. ¿A qué puede deberse esto si no es a una falta de atención suficiente, ya que la atención sostenida es lo que invita a la reflexión, a volver sobre el primer aspecto de lo enjuiciado y medir exactamente su relieve y sus alcances?

Esta falta de atención suficiente —que, como ya vimos, es una de las condiciones del no respetar— se origina en la impresionabilidad excesiva, que el cubano comparte con todos los pueblos tropicales. Por lo mismo que nuestros sentidos se mantienen constantemente alertas bajo el látigo de la luz implacable, la inteligencia criolla se impresiona fulminantemente; pero le acaece también lo que a las fotografías instantáneas: que la imagen solo perfila bien los primeros términos y la impresión dura poco. En otras palabras, nuestra mentalidad media carece del sentido de la tercera dimensión —la dimensión de profundidad—. Vemos las cosas en contornos más que en relieves. Las implicaciones más hondas, los alcances más lejanos, se nos escapan casi siempre. De ahí que toda la vida se nos convierte un poco en escenografía, que a nada reconozcamos suficiente realidad para tomarlo muy en serio, ni bastante importancia para darnos a ello por entero.

Ya un militar español del siglo pasado, el General Concha, que tuvo ocasión de observarnos de cerca, declaraba cifrada nuestra felicidad «en un tiplecito, un gallito y una barajita». La frase tiene los elementos de verdad que tiene toda caricatura, aunque sea muy apasionada. Ya los diminutivos empleados aluden a esa tendencia nuestra a «chiquear» las palabras, tendencia que no se debe a una efusividad afectiva tanto como a otra característica que luego veremos: la familiaridad, el no darle demasiada importancia a nada poniéndolo todo en el nivel de lo más íntimo. Pero la frase es además significativa, porque limita nuestra ambición (e implícitamente nuestra capacidad de apasionamiento) a la diversión y al juego.

Esta afición al juego, que somos los primeros en reconocer como algo característico, merecía un estudio especial. Nada más complejo que la emoción del jugador. Hay en ella una mezcla curiosa de audacia y de miedo, de vehemencia y de cautela, de desprendimiento y de codicia. Pero el hecho que ahora nos interesa es que esa afición suele ser característica de todos los pueblos impresionables. Cuando se subordina a la emoción congestionada de una hora, la seguridad y la tranquilidad del futuro, es porque se carece de previsión suficiente, es decir, de la capacidad para evaluar en abstracto.

En el mismo rasgo psicológico ha de verse también el fundamento de una de nuestras más bellas cualidades: el desinterés. ¿Qué cosa es el ser interesado, sino el evaluar demasiado en perspectiva —una forma de calculismo—? Hasta para explicar el hecho económico del interés bancario, se recurre a un fenómeno de perspectiva: a medida que se aleja su posesión, el dinero se estrecha como se estrechan en la distancia los rieles de un tren. El interés es la compensación de ese estrechamiento. No es interesado el cubano, porque carece del hábito o de la óptica mental para proyectar las cosas sobre el futuro. Su retina, como la de ciertos insectos, no enfoca por igual los primeros y los últimos términos.

Lo superficial y lo profundo se sitúan para él en un mismo plano de apreciación y, por consiguiente, de estimativa. La satisfacción presente es lo que importa. De ahí una mezcla peculiar de virtudes y defectos: nuestra liberalidad, nuestro hedonismo, cuanto hay de ingenuo en nuestra malicia y de dócil en nuestra indisciplina, lo susceptible que somos al halago y a la censura aparentes, nuestro indiferentismo hacia las empresas de cierta trascendencia, nuestro afán utilitario a despecho de nuestra largueza, y, en fin, nuestro choteo.

El otro rasgo cardinal de nuestro carácter es la independencia. No una independencia del tipo zahareño, y bravío, sino del plácido y evasivo. Ganivet dijo que el ideal de los españoles se puede expresar con esa frase castiza: hacer su real gana. De los españoles hemos heredado, quizás, ese espíritu; pero en nosotros asume una forma menos díscola y activa. El cubano generalmente se contenta con que no lo molestan. La libertad en abstracto le tiene sin cuidado con tal que no llegue a afectar su personal albedrío. Permanece insensible y hasta aquiescente a las arrogaciones y a los rigores excesivos de la autoridad mientras no siente en lo vivo de sí mismo la lastimadura. Somos, como ya observó de los españoles Ortega y Gasset, más sensibles a la violación del fuero privado que a la del público, y no nos decidimos a la protesta sino cuando el exceso de dominio coarta la personal independencia.

Esta independencia se defiende contra toda forma de relación que le imponga un límite, un miramiento. De aquí que el cubano tienda por instinto a abolir toda jerarquía y a situar todas las cosas y valores en un mismo plano de confianza. Así se origina la comentadísima familiaridad criolla, que es, tal vez, el rasgo más ostensible y acusado de nuestro carácter.

Cuando venimos a Cuba del extranjero —sobre todo si venimos de algún país de más densos humores, los Estados Unidos o la misma Francia, por ejemplos— nos sorprende en el mismo muelle cierta atmósfera de desprendimiento y de compadrazgo estentóreo que parece ser el clima social de Cuba, correspondiendo a la calidez y a la luminosidad físicas. Allí mismo, en el umbral de la Isla, el agente de equipajes o de hotel nos abordará sin ese comedimiento servil que tienen sus congéneres de otras latitudes, nos dirá «chico» y nos tratará como si para nosotros hubiera estado reservando siempre la más efusiva camaradería. Unas horas más de inmersión en el medio tropical nos convencen de que hemos llegado a una tierra totalmente desprovista de gravedad, de etiqueta y de distancias. Por ninguna parte se advierte en las gentes aquella circunspección, aquel recato, aquella egoísta absorción en el propio negocio que hacen del espectáculo nórdico y del europeo en general una sinfonía en gris mayor. Todo en Cuba tiene la risa de su luz, la ligereza de sus ropas, la franqueza de sus hogares abiertos a la curiosidad transeúnte. Ningún indicio de sobriedad ni de jerarquía nos impresiona. Se observa, al contrario, por doquier, un despilfarro de energías, de hacienda, de confianza. Las gentes hablan en voz alta, se embriagan del reboso de las copas las maderas ya empapadas de las cantinas, el automóvil ha perdido la seriedad metódica del taxímetro, pero se ha convertido en un vehículo popular, desde cuyo pescante nos dirige el *chauffeur* las más obsequiosas confidencias. Estamos en la perfecta república. Todo es de todos. Y así como la luz encendida y vibrante parece anular las lejanías y los claroscuros, una luminosidad espiritual que irradian todas las caras anula las distancias sociales y allana todos los relieves jerárquicos.

A nadie puede sorprender que en un ambiente tal se tienda a esa anulación sistemática de todos los respetos que es el choteo. La independencia del cubano le induce a suprimir la autoridad, aunque sea en el trato social. El tuteo priva, y las personas de más importancia responden por su nombre de pila, cuando no por un diminutivo del mismo, o por un cariñoso apodo. Pero ya dije que más que cariño lo que hay es igualitarismo, familiaridad o para decirlo con una palabra de connotaciones muy afines: «parejería»,[8] cuidado de que todos estemos parejos.

Ahora bien: la relación que este instinto igualitario tiene con el choteo no es menos evidente que la que con él guarda nuestra cubana ligereza. Ya vimos que el choteo se producía, o por una falta de atención, o por un sentido insuficiente de la autoridad. Donde todos somos reputados y tratados como iguales, no hay autoridad alguna. Un proverbio inglés advierte que la familiaridad engendra el desprecio. Y ciertamente la familiaridad criolla, tan simpática, en otros aspectos, no ha sido fecunda en respetos, como tampoco lo ha sido en posibilidades de verdadero humorismo. La familiaridad solo propicia la burla. Pío Baroja ha observado con sutileza que las posibilidades del humorismo aumentan «cuanto más dominio del estilo, de la retórica, de la seriedad hay en un plano de la vida». «En Nápoles, en Sevilla o en Valencia —agrega— no ha habido humorismo, en cambio

---

8 Restituyo aquí a esta palabra tan nuestra el que me parece ser su sentido primario. Ha llegado, en efecto a asumir, por derivación, el de «persona que se da tono, que se considera superior», actitud contraria al igualitarismo. Sin embargo, ese sentido proviene de la misma idea de presunción que se asoció al vocablo cuando primeramente se le empleaba, como es notorio, para designar a los individuos de color que se conducían como blancos, que «se emparejaban con él». (N. del A.)

lo ha habido en Londres y es que la vida inglesa es, de todas las vidas europeas, la más sólida, la más tradicional y la más solemne.» En hondo sentido, esto es también lo que señalaba nuestro Varona, cuando escribía que «el humorismo del pueblo inglés es una de las manifestaciones de la conciencia de su fuerza»,[9] es decir, del tomarse a sí mismo en serio. En el pueblo pequeño, la conciencia de que, por su debilidad, no se le respeta, hace que todos dentro de él se respeten menos, anulando aquellos contrastes que invitan al humorismo.

Estas dos disposiciones espirituales nuestras —la ligereza y la independencia— han sido, pues, el caldo de cultivo del choteo. Pero ellas no producen naturalmente más que un choteo benigno; por así decir, una cierta jocosidad irónica y escéptica, que muy bien pudiera ser el substratum de la gracia criolla, como lo es de la gracia andaluza. Los conocedores de Andalucía nos aseguran que también allí se advierte un ambiente y una actitud parejos; y no podemos olvidar —aunque tampoco quepa atribuirle al hecho la desmedida importancia que a veces se le supone— que buen número de nuestros progenitores españoles fueron andaluces. Leyendo las comedias de los Quintero,[10] notamos que la gracia cuajada en ellas tiene muchas semejanzas con ese benigno choteo criollo. Por lo pronto, no es una gracia de sentido universal, sino condicionada por el ambiente en que se produce. De ahí que las comedias quinterianas sean difícilmente traducibles: su comicidad, espolvoreada apenas de ingenio, no movería a risa a un escocés o a un alemán. Además, se trata también, como en Cuba, de una cierta sans façon, de un perenne des-

---

9   Enrique José Varona, *Desde mi belvedere* (1907) (Caracas, Ayacucho, 2010), 330. (N. del E.)

10   Mañach se refiere a los hermanos Serafín y Joaquín Álvarez Quintero, nacidos en Sevilla, en 1871 y 1873 respectivamente, autores de comedias. Véase de ellos *Doña Clarines*, Linkgua, 2024. (N. del E.)

enfado, de un sentido independiente y hedonista de la vida, reacio a toda sujeción social excesiva.

Pero también esa gracia bética, al igual que la nuestra, lleva en sí misma los gérmenes de una fermentación que hacen de ella, a menudo, algo tóxico y desbordante. Así como la exageración de la gracia criolla produce el choteo en su forma más perniciosa, la exageración de la gracia andaluza es lo que allí se llama «pitorreo», fenómeno regional casi idéntico al nuestro, sobre el cual don Américo Castro me hacía, recientemente, finos y deploradores comentarios. El individualismo que informa la concepción española de la vida, unido a cierto sensualismo fatalista de procedencia africana y todo ello caldeado por un clima no muy distinto del nuestro, establece esa semejanza entre lo andaluz y lo cubano.

El choteo y la improvisación

Claro está que en la formación de nuestro choteo han intervenido factores externos peculiares.[11]

11 El contacto con la psicología africana, a que acabo de aludir, podría ser uno de ellos. En parte por desidia, en parte también por pusilanimidad social e intelectual, esa influencia aún no ha sido estudiada entre nosotros con el detenimiento y el rigor que algún día habrá que poner en ello, si queremos tomar conciencia de nuestro complejo nacional. No pretendo insinuar aquí que el negro sea un agente de choteo. Por el contrario, aporta a nuestra vida de relación más solemnidad, seriedad y respeto de lo que pudiera suponerse.
Acaso peca de superficial Paul Morand, en su reciente Magie noire cuando se pregunta: «Ignore-t-il que Dieu a fait don aux nègres de son plus précieux trésor: la joie?». Así y todo, no me parece improbable que el hombre de color, por su caudal de inestrenada vitalidad, por su índole impresionable y sensual y por su carencia de aquel pesimismo que dan los trabajos seculares de la civilización, haya acentuado ciertos rasgos criollos que, en el hombre blanco resultan propicios al choteo, al aliarse con otros factores psíquicos.

El que más inequívocamente ha propiciado el choteo ha sido nuestra rápida y próspera evolución colectiva.

Hay una relación de recíproca influencia entre el carácter y la experiencia de un pueblo. Si la idiosincrasia nacional modela a su manera la historia, también creo que la historia misma deja su impronta en el carácter. A esto tal vez se deba un hecho a mi juicio evidente: que el carácter nacional no sea cosa tan fija como se supone. Los acontecimientos políticos de trascendencia vital, los flujos y reflujos de la prosperidad económica, las variaciones en las costumbres —determinadas en gran medida por variaciones en los modelos y normas de conducta— hacen que surjan y se destaquen del fondo complejo de la idiosincrasia las formas de comportamiento más adecuadas a las diversas situaciones exteriores y, por consiguiente, más diversas entre sí.[12]

Si en biología la función crea el órgano, en psicología la actitud indicada u obligada crea muchas veces eso que llamamos el rasgo de carácter. Así, es lógico que durante el período libertador el cubano fuese proclive a la ironía o a la taciturnidad, como ahora lo es a la franqueza y a la burla. La vigilancia española de las actitudes obligaba entonces a un cauteloso recato; el espectáculo de la patria afanada tras su propia dignidad y las fatigas y privaciones que acarreaba lograrla, no podían menos que originar una inhibición de

_____

12 Tan es ello así —añado en esta nota de 1955— que hoy día se puede afirmar, si no la desaparición del choteo en Cuba desde los años críticos que vinieron poco después de escrito este ensayo, al menos su atenuación. El proceso revolucionario del 30 al 40, tan tenso, tan angustioso, tan cruento a veces, llegó a dramatizar al cubano, al extremo de llevarlo en ocasiones a excesos trágicos. Ya el choteo no es, ni con mucho, el fenómeno casi ubicuo que fue antaño; ya la trompetilla apenas se escucha, o, por lo menos, no tiene presencia circulatoria. La historia nos va modificando poco a poco el carácter.

la alegría, ya que esta es siempre un indicio de comodidad vital.

En cambio, advenida la República, la restauración económica fue tan rápida y tan pingüe que se creó pronto una atmósfera de venturina. Poseer y mandar fueron privilegios relativamente accesibles. Vimos instalarse en el poder y ejercer autoridad, al lado de hombres que se habían conquistado ese derecho en la manigua, otros a quienes habíamos tuteado en todos los mentideros y tertulias. La improvisación tuvo que regir por mucho tiempo en todos los sectores de la vida cubana; y así como se crearon, de la noche a la mañana, instituciones y apoderados que se hicieran cargo, bien o mal, de las funciones públicas, así en otras zonas, en las docentes, en las profesionales, en el arte y en la literatura, se improvisaron también órganos y agentes de satisfacción escasamente idóneos. No sería difícil, creo yo, precisar la influencia que han ejercido sobre el carácter criollo en los últimos tiempos el periodismo vocinglero y aldeano que generalmente hemos padecido, el arribista intelectual que ha sentado plaza de maestro, el profesional que se ha prestigiado míticamente, el político con antecedentes impublicables, la revista que ha querido ser cómica y no ha pasado de chocarrera, o la farsa que, so capa de criollismo, ha escondido solo una pornografía grosera y una esquemática plebeyez. Toda esta tropa de enganche, todas estas suplantaciones, unas veces por inculcación directa de falsos criterios y de gustos espurios, otras por ineptitud para la defensa de lo verdaderamente valioso, nos enviciaron en la superficialidad, en el escepticismo o en la chocarrería, determinando la quiebra del respeto, actitud delicadísima, por lo mismo que contraría las díscolas apetencias del instinto.

43

El ambiente social, pues, con esas mixtificaciones e improvisaciones inevitables, ha contribuido tan poderosamente a fomentar el espíritu antijerárquico de nuestra burla, que casi pudiera decirse que ha engendrado el choteo. Más que una tendencia inmanente de nuestro carácter, éste es el resultado de una determinada experiencia colectiva. Nace del medio, antes que de la idiosincrasia. Yo he tenido oportunidad de comprobar esto en mis frecuentes relaciones con estudiantes cubanos en el extranjero. He notado que en los Estados Unidos y en Francia se comportaban del modo más circunspecto y con solo una jovialidad de buena ley, jóvenes compatriotas a quienes luego he vuelto a ver aquí en Cuba posesos ya del diablillo del choteo. Es el espectáculo de la autoridad falseada lo que exacerba el natural espíritu crítico de la gracia criolla.

Efectos del choteo

Así se explica que, junto a las más funestas consecuencias en el orden moral y cultural, el choteo haya ejercido, en ciertos casos, una función crítica saludable. Como dirige su burla sistemáticamente contra todo lo autorizado, algunas veces ha tenido que acertar.

No todas las autoridades son lícitas o deseables, y por eso siempre fue la burla un recurso de los oprimidos —cualquiera que fuese la índole de la opresión—. Al par que uno de los grandes padecimientos del cubano, la burla crónica ha sido una de sus grandes defensas. Le ha servido de amortiguador para los choques de la adversidad; de muelle para resistir las presiones políticas demasiado gravosas y de escape para todo género de impaciencias. En otras palabras, ha sido entre nosotros un descongestionador eficacísimo. Como su operación consiste en rebajar la importancia de las cosas, es decir, en impedir que éstas nos afecten demasiado, el choteo surge en toda situación en que el espíritu criollo se ve amargado por una autoridad falsa o poco flexible.

Cuando esta autoridad, cualquiera que sea su jurisdicción, es genuina y tiene razón de imperio, el choteo no puede justificarse sino como un resabio infantil de un pueblo que todavía no ha tenido tiempo de madurar, y sobre todo de madurar naturalmente, sin ajena asistencia. Pero cuando se trata, como tan a menudo sucede, de una autoridad huera, o improvisada, o por cualquier razón excesiva; de una autoridad *cuya forma no corresponde a su sustancia*, que pretende más de lo que realmente vale, entonces el choteo es un delator formidable, y a ello le ayuda mucho su misma falta de grandes pretensiones satíricas, su misma simplicidad.

El arma de emergencia para esos casos suele ser la trompetilla. De todo el repertorio hasta ahora conocido de emisiones o ademanes despectivos, es ése el más humillante, acaso por ser también el más cargado de alusiones abyectas. No hay gravedad, por imperturbable que sea, en la que no cale siquiera de momento esa estridente rociada de menosprecio. Su eficacia está en su misma falta de violencia, en lo disminuyente que resulta su propio tono diminutivo. Cualquier otro ademán de burla o desdén —sacar la lengua, negar la mano, escupir al paso— conlleva una agresión directa ante la cual se hace fuerte la dignidad agredida. En cambio la trompetilla, por más oblicua y lejana, parece desarmar y hasta disolver por el momento la dignidad a que se dirige. Es una mínima saeta que se clava siempre en el blanco —en el centro de gravedad— flameando una banderita de ridículo. Claro que resulta demasiado burda, y muchas veces demasiado frívola e irresponsable, para constituir una sanción más que momentánea; demasiado indigna ella misma para desvirtuar el exceso de dignidad que llamamos prosopopeya.

Pero tampoco hay duda de que ciertas sanciones de ese género menor son a veces saludables. Por ejemplo: a Cuba suelen venir personajillos de arribazón, ganosos de remozar un prestigio raído en su tierra. A la nuestra llegan como a tierra conquistada, henchidos de suficiencia. La burlilla del país los desinfla a su tiempo. Y también el nativo ha de pensarlo tres veces antes de engreírse. En su intimidad doméstica puede el narciso tropical contemplar su imagen sin que nadie la vulnere; mas apenas intenta pasearla y hacer de una ilusión íntima una autoridad pública, el choteo le sale al paso y le baja los humos.

En esa sanción colabora el choteo verdadero —es decir, el sistemático— con la gracia criolla que le sirve de substratum. Esta ya no es sistemática; pero sí muy exigente. La falta de penetración honda, de sentido de profundidad y lejanía, le priva muchas veces al cubano de apreciar al primer golpe de vista (que es generalmente el único que cultiva) la trascendencia o las implicaciones de un hecho cualquiera. De aquí que todos los valores tengan que acusarse muy fuertemente, con una gran solidez y rotundidad, para que el cubano medio los calibre. Pero entonces nadie los respeta más, aunque no los acate ni se ponga al servicio de ellos. Si la mediocridad es tan tolerada en Cuba, es porque la intolerancia supone una autoridad, cosa repulsiva en sí. El cubano la rechaza como rechaza toda superstición, todo dogma o beatería. Sería un propagandista admirable del libre examen, si no fuese demasiado impresionable para cultivar el examen como actitud. Pero para llevarle a una aceptación íntima de lo mediocre, es indispensable tocar en él los resortes del sentimiento.

Y aún así. Esos resortes emocionales están en él —como en casi todos los pueblos de nuestra estirpe— sumamente tensos y dispuestos. Nadie se emociona con más facilidad ni con más pueril plenitud que el cubano. Los políticos, que constantemente hacen uso de ese recurso oratorio que ellos llaman «llegar a las fibras del pueblo», conocen bien esa hiperestesia, ese lugar blando y expuesto que hay siempre en la encarnadura criolla. Las canciones típicas de Cuba lo denuncian con notoria elocuencia. Se ha llegado incluso a decir que, «en el fondo», somos un pueblo de intensa melancolía. ¿Cómo se compadece esto con el choteo, que es burla y jácara consuetudinarias?

También aquí actúa el choteo como un descongestionador espiritual, rebelándose contra la autoridad del sentimiento. El cubano es tan «cheche», tan celoso de su independencia, que no quiere aparecer sometido ni siquiera a su propia emoción. Muchas veces, en el teatro, en el cinematógrafo, observamos que algún espectador vecino se ríe o dice algo jocoso en el instante más patético de la representación. Solemos pensar que es un salvaje. Algunas veces lo es; otras, es un pobre diablo que tiene un nudo en la garganta. El choteo viene entonces a ser como un acto de pudor, un pliegue de jocosidad que nos echamos encima para esconder nuestra tristeza íntima, por miedo a aparecer tiernos o espirituales.

Cuenta Francisco Figueras, en un libro muy estimable y muy olvidado, como todos nuestros buenos libros,[13] una anécdota patriótica que él estima expresiva del «volterianismo» de nuestro carácter, pero sin subrayar ese elemento de pudor que informa su ironía: «G. del C. uno de los estu-

13 Citado de: *Cuba y su evolución colonial*, La Habana, 1907.

diantes de medicina condenados a presidio en 1871, usaba con orgullo una espléndida barba rubia que le asemejaba a un joven lord. Mientras se oían las descargas que daban fin a la vida de sus condiscípulos, G. del C., que acababa de sufrir la tonsura, vestir el traje y remacharse la cadena reglamentaria del presidio, penetra en el calabozo donde sus compañeros esperan su turno en la fúnebre toilette —Ecce homo, les dice». De fijo, todos se rieron con la frase; pero es probable que también se estuvieran tragando las lágrimas.

Esta ironía pudorosa es, tal vez, la única que el cubano practica con acierto. Toda ironía es, más o menos, una forma de simulación, de doblez, puesto que consiste en decir lo contrario de lo que se siente o se piensa. Pero el cubano es tan sincero —sincero hasta cuando miente, cosa que hace sin escrúpulos— que le repugna toda forma irónica de impugnación. Prefiere el choteo, que es la mofa franca, desplegada, nada aguda generalmente, como que no tiene hechura de dardo, sino más bien de polvillo de molida guasa, que se arroja a la cara de la víctima. El choteo la desconcierta, no por su contundencia, sino por el ambiente ahogador de alusiones, de equívocos, que va formando en torno a ella. A veces, su procedimiento es el de la diatriba: se limita a ir desvistiendo a su víctima, despojándola, una a una, de todas las prendas en que cifra su vanidad o su gravedad. Otras, como en el caso actual de cierto político, a quien el choteo se empeña en presentar como un caso pintoresco de analfabetismo, ensáñase nuestra burla con una flaqueza más o menos real, la tergiversa, la abulta y, a la manera de la caricatura, acaba por hacer de Narciso un monstruo.

Como se ve, todos estos efectos del choteo medio, del choteo difuso y casual, rayano en la pura gracia, son por lo menos inocentes. Cuando el choteo resulta notoriamente pernicioso es cuando se convierte en absoluto y habitual; cuando no es una reacción esporádica, sino un hábito, una actitud hecha ante la vida. Este choteo por antonomasia resulta entonces una perversión del gracejo criollo, que no es sino la sal de una tierra de azúcar. No creo que aquel vicio ni esta cualidad sean absolutamente peculiares de nosotros. Hay otros muchos pueblos que tienen una gracia semejante a la nuestra y en que esa gracia sufre pareja corrupción. Pero el hecho es que nuestra palabra «choteo» es privativa y que con ella designamos indistintamente nuestro vicio y nuestra virtud jocosas.

Cuando se ha hablado mal del choteo, cuando se ha visto en él la manifestación de un estado moral y social alarmante, se ha querido aludir al choteo sistemático, no a la gracia cubana. Y en efecto, aquel es responsable de una gran parte de la morosidad con que hemos progresado hacia la realización de cierto decoro social y cultural. Por su índole ciegamente individualista, el choteador ha sido estéril para toda faena en que fueran requisitos el método, la disciplina, el largo y sostenido esfuerzo, la constante reflexión. Lo peor sin embargo, es que, como el perro del hortelano, si no trabajó, tampoco dejó a los demás trabajar. Ha sido la rémora, el succionador de entusiasmos por excelencia. De ellos se alimentaba. Donde quiera que percibía un aleteo de aspiración, un empeño de mejor vida, aplicaba enseguida la ventosa de su burla.

Mencionaré un ejemplo. Recuérdese la mofa que antes se hacía, en nuestra Universidad, de los alumnos afanosos de saber. Se les llamaba *filomáticos*, se les acosaba como traidores a una causa juvenil que tuviera por principio el santo derecho a la holganza. Claro que había mucho de mera frivolidad juvenil en ello; pero es que esa burla se extendía también a otros sectores más responsables y maduros en la estimativa, llegaba hasta a contaminar la opinión pública. Si en todas partes el intelectual respira más o menos indiferencia, aquí ha solido aspirar los gases asfixiantes del choteo. Y no por simple odio primitivo a la cultura, sino porque ésta como acaba de recordarnos un fino ensayista argentino, Arturo Cancela,[14] conlleva necesariamente una servidumbre, una disciplina. Al intelectual se le ha ridiculizado más entre nosotros mientras mayor rigor ponía en su faena.

Por esa misma servidumbre al ideal, se ha hecho mofa del político que tomaba en serio —en «romántico», como se decía— la tarea de gobernar al pueblo o de legislar para él. El choteo entronizó así la inverecundia, el «poco más o menos», el arribismo en todas las zonas del esfuerzo. Y llegó a minar tan hondo el sentido de la autoridad, que por mucho tiempo hizo imposible o antipática toda crítica que no fuera de su propio linaje, es decir, entreverada de burla irresponsable.

A esta última influencia se debe, singularmente, ese confusionismo y ese tuteo intelectual que todos observamos y padecemos aún en nuestro medio. Es difícil todavía hacerse de autoridad en Cuba; es difícil, por lo menos, hacerla valer. Aunque el núcleo de la opinión pública es siempre más o menos intensamente sensitivo al mérito, todavía no se ha formado entre nosotros esa vigilante solidaridad, esa noble disposición colectiva para la defensa del valor genuino, que en otro país constituye la principal garantía de toda levantada y honesta situación. También nuestra opinión pública, aún cuando más convencida esté de la autenticidad de un valor, carece de aquella consecuencia entre la convicción y

14 Citado de: *Palabras socráticas* de Arturo Cancela. M. Gleizer, editor, Buenos Aires, 1928.

la conducta que Ramiro Guerra descubría en el individuo cubano. Es siempre posible que cualquier chisgarabís se crea con derecho para discutir los pareceres del especialista más autorizado, y que el talento o la larga dedicación se hallen un poco a la merced del primer bufo que les salga al paso, a veces con una pluma en la mano.

Aún pudiera abundar en la pormenorización de las influencias perniciosas que cabe atribuir al choteo en el orden moral y social, si no hubiese ya fatigado en demasía vuestra generosa atención. Por otra parte, ha sido menos mi propósito el considerar los efectos —sobradamente conocidos— de ese fenómeno, que el de explorar su naturaleza. Analizada ésta, las consecuencias en todos los órdenes son en su mayor parte evidentes. Por modo general pudiera decirse que el choteo ha tendido ha infundir en nuestro pueblo el miedo a todas las formas nobles de distinción —el miedo a ser «demasiado» intelectual, demasiado espiritual, demasiado cortés y hasta demasiado sensato o elegante—. ¿Quién no recuerda, en efecto, una época en que llegó a hacerse imposible en La Habana el salir a la calle —no ya con capa y chistera, indumento sin duda algo ridículo— sino con un mero abrigo en días de rigor invernal?

Transitoriedad del choteo
Pero, afortunadamente, hablamos de una época ya casi enteramente pasada. Así como el choteo ha sido el resultado de un ambiente, también lo ha sido de un determinado período que ya toca a su fin —el período que pudiéramos llamar de improvisación en nuestra vida nacional—. Las cualidades de nuestro carácter que constituyen los elementos psicológicos aprovechados por el choteo, son inmanentes, y aunque no

de una irremediable fijeza, sí de muy lenta mudanza. Por mucho que la sangre se diluya y se alteren las costumbres, siempre estará ahí nuestro clima para cuidar de que seamos un poco ligeros, impresionables, jocundos y melancólicos a la vez, y éstos serán los fundamentos de nuestra gracia nativa. Lo que hay que evitar es que esa gracia degenere en choteo, y yo pienso que ello se va logrando por sí solo cada día con el advenimiento gradual de nuestra madurez, con la alteración paulatina de nuestro clima social. A medida que nos hacemos más numerosos, más ricos y más refinados, a medida que eliminamos nuestra primitiva aldeanidad de pueblo joven, acrecentamos nuestro sentido de la jerarquía y disminuimos, por consiguiente, las condiciones de vida del choteo.

No estará demás, sin embargo, que pongamos de nuestra parte todo el esfuerzo necesario para activar esa evolución, saturando nuestro ambiente de aquellas sutiles esencias de respeto que son el antídoto de la burla desmedida. Fundamentalmente, ésta es una empresa de educación. La aptitud para respetar es, en definitiva, una aptitud para *evaluar* y, por tanto, no depende sino del grado de cultura que posea un individuo —de aquella cultura que no consiste tanto en un amplio bagaje de conocimientos como en una fecunda disciplina del espíritu, en un hondo anhelo de compenetración con «todo cuanto, en la naturaleza y en la historia, es esencial al mundo».

Recordaremos siempre el luminoso pasmo de Chesterton que, enfrentado un día con los respetuosos campesinos de Castilla, exclamó: «¡Qué cultos son estos analfabetos!».[15] En

---

15 Fernando de los Ríos cita esta escena en su libro *La filosofía política de Platón*; *Obras completas*, Madrid, Caja de Madrid, 1997, pág. 55. De los Ríos enumera las observaciones de Chesterton quien des-

Cuba nos hemos dedicado con mucho ahínco hasta ahora a hacer hombres no-analfabetos, hombres ilustrados, pero no a hacer hombres de cultura. Nuestra educación no solo ha sido defectuosa en cuanto ha dejado de corregir en determinados individuos ciertas inclinaciones psíquicas viciosas que —como la envidia y su derivado, el resentimiento— incuban el choteo sistemático; sino que además ha descuidado ofrecer normas, criterios, perspectivas y alicientes de perfección a nuestra juventud. En nuestros hogares se ha observado, en general, la falta de un verdadero espíritu normativo. A lo sumo, ha imperado un ánimo disciplinario; pero de un modo coercitivo y dogmático, sin infundirle al niño hábitos de reflexión que le capaciten para evaluar por su cuenta. En la escuela y en la Universidad, el excesivo positivismo de una enseñanza de escasísima especificación individual y más atenta a señalar caminos de medro que a descubrir panoramas de cultura, ha privado también a nuestra juventud de ejercitar el sentido de valorización, de disciplinar sus curiosidades y fecundar sus alegrías con el entusiasmo auténtico.

Alegría y audacia

El entusiasmo genuino, digo.

Hubiera errado mucho su propósito esta conferencia si dejara la impresión de que, al condenar el choteo sistemático, he querido también desestimar o menospreciar aquellas manifestaciones del jovial ingenio que son la sal de la vida, o aquella alegría limpia y sana cuyo cultivo es, precisamente, la consigna de nuestro tiempo. La misma burla es a veces

---

cribe cómo comía la gente del campo, sostenía sus cuchillos, cortaba el queso, las cebollas y el pan. También se refiere a estas actividades como el «prodigio estético del refinamiento». (N. del E.)

lícita y necesaria: «cosas hay —decía Gracián— que se han de tomar de burlas, y tal vez las que el otro más de veras»;[16] pero «el mismo nombre de sales está avisando cómo se han de usar», y lo detestable es tan solo «venir a parar en hombre de dar gusto por oficio, sazonador de dichos y aparejador de la risa».[17]

La alegría es aún más apetecible, porque cuando es alegría auténtica, denuncia una juventud interior, una riqueza de vitalidad que multiplica nuestro entusiasmo para todas las faenas del esfuerzo. Si por algo el arte de nuestro tiempo sustenta una briosa reacción contra el romanticismo de nuestros mayores, es precisamente porque al romanticismo —melancólico y lacrimoso— le faltaba esa energética alegría del hurra, que estremece, como una conquista o como una aspiración, hasta el arte más dramático de la hora actual.

Finalmente, al invocar la necesidad de más y de mayores respetos, no he querido tampoco cortarle las alas a aquel nativo espíritu de independencia que conquistó nuestras libertades públicas y que es la más honda garantía de su preservación. Creo, por el contrario, que en muchas zonas de nuestro esfuerzo andamos faltos todavía de intrepidez y de audacia. Pero así como la alegría, para que sea fecunda, para que realmente ilumine nuestras vidas, ha de tener motivos verdaderos de satisfacción —diáfanos focos interiores de amor y de estima—, así también la audacia es solo válida y decorosa cuando la abonan una responsabilidad y una disciplina.

16 Baltasar Gracián, *Oráculo manual y arte de prudencia*, Barcelona, Linkgua, 2024, pág. 42. (N. del E.)
17 Baltasar Gracián, *El discreto*, Barcelona, Linkgua, 2024. (N. del E.)

Asistimos a un albor de madurez en que se esbozan ya, a despecho de ciertas nebulosidades transitorias en lo político, firmes claridades del espíritu. El sentido crítico se acendra en Cuba por doquier con el advenimiento de una juventud enfrentada a una mayor experiencia colectiva. El choteo como libertinaje mental está a la defensiva. Ha llegado la hora de ser críticamente alegres, disciplinadamente audaces, conscientemente irrespetuosos.

Libros a la carta

A la carta es un servicio especializado para
empresas,
librerías,
bibliotecas,
editoriales
y centros de enseñanza;
y permite confeccionar libros que, por su formato y concepción, sirven a los propósitos más específicos de estas instituciones.

Las empresas nos encargan ediciones personalizadas para marketing editorial o para regalos institucionales. Y los interesados solicitan, a título personal, ediciones antiguas, o no disponibles en el mercado; y las acompañan con notas y comentarios críticos.

Las ediciones tienen como apoyo un libro de estilo con todo tipo de referencias sobre los criterios de tratamiento tipográfico aplicados a nuestros libros que puede ser consultado en Linkgua-ediciones.com .

Linkgua edita por encargo diferentes versiones de una misma obra con distintos tratamientos ortotipográficos (actualizaciones de carácter divulgativo de un clásico, o versiones estrictamente fieles a la edición original de referencia).

Este servicio de ediciones a la carta le permitirá, si usted se dedica a la enseñanza, tener una forma de hacer pública su interpretación de un texto y, sobre una versión digitalizada «base», usted podrá introducir interpretaciones del texto fuente. Es un tópico que los profesores denuncien en clase los desmanes de una edición, o vayan comentando errores de interpretación de un texto y esta es una solución útil a esa necesidad del mundo académico.

Asimismo publicamos de manera sistemática, en un mismo catálogo, tesis doctorales y actas de congresos académicos, que son distribuidas a través de nuestra Web.

El servicio de «libros a la carta» funciona de dos formas.

1. Tenemos un fondo de libros digitalizados que usted puede personalizar en tiradas de al menos cinco ejemplares. Estas personalizaciones pueden ser de todo tipo: añadir notas de clase para uso de un grupo de estudiantes, introducir logos corporativos para uso con fines de marketing empresarial, etc. etc.

2. Buscamos libros descatalogados de otras editoriales y los reeditamos en tiradas cortas a petición de un cliente.